BEI GRIN MACHT SICH IHR WISSEN BEZAHLT

- Wir veröffentlichen Ihre Hausarbeit, Bachelor- und Masterarbeit

- Ihr eigenes eBook und Buch - weltweit in allen wichtigen Shops

- Verdienen Sie an jedem Verkauf

Jetzt bei www.GRIN.com hochladen und kostenlos publizieren

Jana Patricia Hemmelskamp

Jüdische Feste und Gebräuche. Untersuchung von Schavout, Rosch ha-Schana, Chanukka, Sukkot, Jom Kippur

GRIN Verlag

Bibliografische Information der Deutschen Nationalbibliothek:

Die Deutsche Bibliothek verzeichnet diese Publikation in der Deutschen National-
bibliografie; detaillierte bibliografische Daten sind im Internet über http://dnb.d-
nb.de/ abrufbar.

Impressum:

Copyright © 2011 GRIN Verlag GmbH
Druck und Bindung: Books on Demand GmbH, Norderstedt Germany
ISBN: 978-3-656-39631-4

Dieses Buch bei GRIN:

http://www.grin.com/de/e-book/211732/juedische-feste-und-gebraeuche-untersu-
chung-von-schavout-rosch-ha-schana

GRIN - Your knowledge has value

Der GRIN Verlag publiziert seit 1998 wissenschaftliche Arbeiten von Studenten, Hochschullehrern und anderen Akademikern als eBook und gedrucktes Buch. Die Verlagswebsite www.grin.com ist die ideale Plattform zur Veröffentlichung von Hausarbeiten, Abschlussarbeiten, wissenschaftlichen Aufsätzen, Dissertationen und Fachbüchern.

Besuchen Sie uns im Internet:

http://www.grin.com/

http://www.facebook.com/grincom

http://www.twitter.com/grin_com

Georg-August-Universität Göttingen
Theologische Fakultät
Sommersemester 2011

Essay zum Seminar „Jüdische Feste und Gebräuche"

Eingereicht von:
Jana Patricia Hemmelskamp

Englisch und Evangelische Religion im Lehramtsprofil (4. Fachsemester)

Modul: B.EvRel. 10 (Interdisziplinäres Modul Religions- und Konfessionskunde)
Abgabetermin: 15.11.2011

Inhaltsverzeichnis

1. In welchem Sinne könnte Schavuot als „Fest des Geistes" bezeichnet werden?

„Man möge sagen, was man will, dieses merkwürdige Volk Israel hat allen Ereignis-
sen und Wandlungen zum Trotz, die täglich und stündlich über es kamen und es seit
zweitausend Jahren aus seinem Lande verstoßen, aus seinem Lebensraum und den
Wurzeln seines Daseins gerissen haben, Körper und Geist dem ewigen Dienst des
Geistes unterstellt."[1]

Schavuot ist das letzte der drei jüdischen Haupt- und Wallfahrtsfeste und wird vom 6. bis 7.
Siwan gefeiert. Im Gegensatz zu den anderen beiden Hauptfesten, Pessach und Sukkot, dauert
Schavuot, das Fest der Ernte, bloß einen Tag an. Nicht nur die Tatsache, dass Schavuot immer
fünfzig Tage nach dem Pessach-Fest stattfindet, sondern auch die inhaltliche Gemeinsamkeit
der Wallfahrtsfeste, dass Opfergaben für Gott dargebracht werden, drückt ihre enge Beziehung und Zusammengehörigkeit aus.[2]

Vor der zweiten Tempelzerstörung 70 n. Chr. wurde Schavuot als eine Kombination aus
Wallfahrtsfest und Natur- bzw. Agrarfest zelebriert. Alle Juden wurden hierdurch jährlich
zum Pilgern zum Tempel in Jerusalem verpflichtet, wo sie ein Dankesopfer in Form von der
Weizenernte dem sich in der Natur offenbarenden Gott erbrachten. Dieses Opfer wurde rituell
durch den Priester geschwungen und drückte den Dank für fruchtbares Land und die Verbun-
denheit mit diesem aus.[3]

Nach der Zerstörung des Tempels und den damit für das Fest verbundenen rituellen Verände-
rungen, erhielt Schavuot wie die anderen Wallfahrtsfeste jedoch eine neue Dimension. Diese
Dimension führte weg von der ursprünglich agrarisch ausgeprägten und mit dem Land verbundenen hin zu einer geistigen, nämlich dem Überleben des Judentums.[4] Dieses neuartige
Charakteristikum ist historisch dadurch zu erklären, dass dem Schavuot-Fest die fünfzig Tage
vorher am Pessach-Fest gefeierte Befreiung aus der Gola in Ägypten vorausging. Diese ge-
währleistete die materielle Freiheit des Volkes Israel und stellt somit die Bedingung und Basis
für die Vollendung des Freiheitsbegriffs durch den Erhalt der geistigen Unabhängigkeit dar.[5]
Dieser vollzog sich schließlich am 6. Siwan durch die Offenbarung Gottes am Berg Sinai und
die Gabe der Torah, welche das Volk Israel in seinem neu geschlossenen Bund mit Gott die
innere Freiheit zur Lebensgestaltung nach dem Willen Gottes erfahren lässt.

---

[1] Wilhelm, o.J.: 432.
[2] Gal-Ed, 2001: 76.
[3] Gal-Ed, 2001: 74.
[4] Gal-Ed, 2001: 77.
[5] Gal-Ed, 2001: 77.

Schavuot als „Fest der Gabe der Torah"[6] ist nicht bloß der Tag, an dem man sich des Erhaltens der Gesetzestafeln und der Epiphanie Gottes am Berg Sinai erinnert, sondern an dem man diese Enthüllung und Gabe selbst miterlebt und den Bund mit Gott jährlich novelliert. Durch die lebendige Auseinandersetzung mit der Torah und durch ihre starke Gewichtung in der Liturgie wird sie präsentisch wie ein nie erlöschendes Feuer.[7] Schavuot ist ein regional ungebundenes und symbolloses Fest, das es auch den Juden in der Diaspora ermöglicht, durch die Torah als Medium des Geistes an der Nähe Gottes teilzuhaben.

2. Worum geht es in den besonderen Gebeten der Gottesdienste an Rosch ha-Schana?

Der Monat Tischre ist ein festintensiver Monat, der durch das jüdische Neujahrsfest, Rosch ha-Schana, eingeleitet wird. An dieses Fest knüpfen die zehn Bußtage an, die dann im höchsten jüdischen Feiertag, dem Jom Kippur, gipfeln. Rosch ha-Schana als das jüdische Neujahrsfest besitzt einen rein religiösen Charakter, der sich dadurch auszeichnet, dass es inhaltlich hauptsächlich aus ganzheitlichen Gebeten besteht.[8] Exemplarisch sind hierfür „Gaon Saadja: 10 Gründe für das Schofarblasen", „Sichronot", „Awinu Malkenu", „Alenu", „Hymne für die furchtbaren Tage" und „Bella Chagall: Neujahr" anzuführen.[9] Diese Gebete sowie die Titulierungen in der Torah definieren Rosch ha-Schana als „Tag des Posaunenschalls" und als „Tag des Gedenkens" und bringen hiermit die beiden Hauptcharakteristika der Litanei Rosch ha-Schanas zum Ausdruck.[10]

Zum Einen bildet der Posaunenschall liturgisch und rituell betrachtet das zentrale Leitmotiv des Neujahrsfestes. Das Blasen des Schofars, eines Widderhorns, als Rahmbedingung fungiert repetitiv zur Alarmierung und Aufweckung.[11] Es soll hierbei das alte sündige Jahr hinter sich gelassen werden, um sich für die Ankunft des neuen, hellen Jahres vorzubereiten.[12] Das Schofargeschmetter leitet die Zeit der Umkehr ein und ruft zum Gedenken auf.[13]

---

[6] Gal-Ed, 2001: 84.
[7] Gal-Ed, 2001: 82.
[8] Donin, 1987: 254.
[9] Vgl. Rink, 1988.
[10] Donin, 1987: 253.
[11] Rink, 1988: 80 („Und die große Posaune wird geblasen,...").
[12] Rink, 1988:82 („Ich erinnere mich an all meine Sünden... im Laufe des Jahres hat sich so viel angesammelt.").
[13] Rink, 1988: 78 („...es ist Zeit zur Umkehr!").

2

Zum Anderen findet sich das zweite Hauptcharakteristikum, der Aspekt des Gedenkens, findet sich in den Gebeten am Neujahrstag vor allem in dem Entsinnen an die Erschaffung der Welt und somit an den Beginn der Gottesherrschaft wieder.[14] Hierbei ist es von großer Relevanz, dass die Souveränität des Schöpfergottes der Knechtschaft der Menschen gegenüber gestellt wird.[15] Deswegen ist insbesondere der Einfluss durch die Torah an diesem Feiertag nicht irrelevant. Durch die exemplarische Anführung von Abrahams Opferbereitschaft gegenüber Gott (Gen 22) und die Torahtreue im Bund mit Gott (Ex 19) wird an den Menschen appelliert, dieselbe Hingabe und das gleiche Vertrauen in Gott vom Neujahrsfest an erneut florieren zu lassen.[16]

Eine weitere Thematisierung in den Gebeten des Neujahrsfestes ist die Tatsache, dass es sich bei Rosch ha-Schana auch um den Tag des Gerichts und der Rechtfertigung vor Gott handelt.[17] Am Neujahrsfest beginnt bereits das Entsinnen der Menschen an die Sünden des vergangenen Jahres, wie es während der zehn Bußtage noch intensiver betrieben wird. Zur Wiedergutmachung dieser treten die Menschen mit Reue- und Bußbereitschaft vor Gott. Die Gebete emphatisieren das Bitten um Vergebung der Sünden und die Hoffnungen der Menschen auf den Erhalt von Gottes Heil. Insbesondere der Wunsch nach Gesundheit und Schutz vor den Feinden im historischen Gedenken an die Tempelzerstörung[18] erhält eine zentrale Bedeutsamkeit.[19] Zudem schwingt das Gefühl der Furcht, das durch den Schreckens- und Warnruf an Rosch ha-Schana ausgelöst wird, stetig mit.[20]

Betrachtet man diese individuellen Gebetsschwerpunkte an Rosch ha-Schana –nämlich Erinnerung und Umkehr, Souveränität und Knechtschaft, Sünde und Buße- im Kollektiv, so lässt sich festhalten, dass diese bereits die für Jom Kippur charakteristische Dialektik aus Liebe und Ehrfurcht bzw. Recht und Erbarmen einleiten.[21] Die Gebete am jüdischen Neujahrsfest haben alle den Anspruch, aus Liebe zu Gott im Zusammenspiel mit der Angst vor ihm als

---

[14] Rink, 1988: 78 („Dies ist der Tag des Anfangs deiner Werke,...").

[15] Rink, 1988: 80 („Und wir beugen uns, werfen uns hin...").

[16] Rink, 1988: 78 („Und gedenke uns Herr, unser Gott, den Bund und die Liebe und den Schwur, den du dem Abraham, unserm Vater, geschworen hast auf dem Berg Moria. („Laß vor dir erscheinen die Opferung, da Abraham unser Vater den Isaak seinen Sohn band auf dem Altar...").

[17] Rink, 1988: 78 („Ein festgesetzter Tag ist es für Israel, ein Gericht des Gottes Jacobs.").

[18] Rink, 1988: 78 („und unser Heiligtum vernichtet wurde:").

[19] Rink, 1988:79 („...halte fern Pest und Schwert und den Verderber von den Söhnen deines Bundes...verzeih und vergib unsere Verfehlungen...bring uns zurück in völliger Buße vor dich.").

[20] Rink, 1988: 78 („So soll er uns... die Warnrufe unserer Propheten wieder ins Ohr schrein.").

[21] Rink, 1988: 81 („Denn wie dein Name so ist dein Ruhm: schwer zu erzürnen und leicht zu versöhnen,...").

Richter in sich zu gehen und sich religiös gefestigt auf das neue Jahr einzustellen, damit man nach diesem Prozess der Umkehr am höchsten jüdischen Feiertag, dem Jom Kippur, bereit ist, Gottes Erbarmen zu empfangen und sich mit ihm zu versöhnen.

3. Worin besteht der tiefere Sinn des Wunders von Chanukka?

Chanukka ist das achttägig gefeierte Lichterfest, das ab dem 25. Kislew zelebriert wird und der Tempelweihung im Jahr 164 v. Chr. gedenkt. Es ist kein in der Torah verankertes Fest, sondern hat einen historischen Ursprung zu nachbiblischer Zeit.[22] Aus diesem Grund muss der tiefere Sinn des Festes, das Wunder von Chanukka, sowohl religiös als auch historisch gedacht werden.

Im zweiten Jahrhundert v. Chr. wurden die Existenz der jüdischen Gemeinschaft durch die Herrschaft der Seleukiden in Israel stark bedroht. Im Gegensatz zu den anderen vorherigen Regierungen duldete der seleukidische Eroberer Antiochios III. ihre Kultur und ihre Religion jedoch nicht und es war ihm ein Anliegen, die durch ihn unterworfenen Völker zu zwangshellenisieren. Hierzu gehörte auch, den zweiten Tempel in Jerusalem durch Plünderung zu entweihen und zu einem Heiligtum des olympischen Gottes Zeus umzuwandeln.[23] Im Jahr 164 v. Chr. gelang es der hellenistischen Gegenbewegung, den Hasmonäern, allerdings, in einem Aufstand den Tempel zurückzuerobern und so die kulturelle und religiöse Unterdrückung der jüdischen Gemeinschaft zu beenden.[24]

Als im Anschluss der Tempel durch das Anzünden des immer brennenden Leuchters, der Menora, wiedereingeweiht werden sollte, ereignete sich das eigentliche Wunder Chanukkas: Die Hasmönäer mussten feststellen, dass das entsprechende Öl zur Entfachung des Leuchters von den Seleukiden ebenfalls entweiht worden und bloß noch ausreichend geweihtes Öl für einen einzigen Tag vorhanden war. Obwohl die Herstellung dieses speziellen Öls acht Tage dauerte, brannte die Menora über eben diesen Zeitraum, bis neues Öl aufgefüllt wurde.[25]

Unabhängig davon, ob der tiefere Sinn des Chanukkafestes religiös oder historisch gedeutet werden soll, liegt in beiden Fällen der zentrale Fokus auf dem Jerusalemer Tempel, dem Hei-

---

[22] Galley, 2003: 101.
[23] Galley, 2003: 102f.
[24] Galley, 2003: 104.
[25] Galley, 2003: 107.

ligtum der jüdischen Gemeinde. Historisch gedacht wird an Chanukka die Rückeroberung und Neueinweihung des jüdischen Heiligtums durch die Hasmonäer unter der Knechtschaft der Seleukiden zelebriert.[26] Religiös gedacht kommt jedoch der Aspekt hinzu, dass Chanukka geistig nicht erfasst werden kann: Dadurch bedingt, dass der Jerusalemer Tempel als Symbol für die Präsenz Gottes auf der Erde fungiert, zog sich Gott mit seiner Entweihung aus ihm zurück und ließ die Menschen einen irdischen Kampf um dieses Heiligtum und seine Bestimmung ausfechten. Die Zurückeroberung und Wiederweihe des Tempels am Chanukkafest bedeutet für die jüdische Gemeinde, dass auch Gott an diesen, seinen rechtmäßigen Ort zurückgekehrt und die politische Befreiungsbewegung Israels somit endgültig abgeschlossen ist. Das Licht der Menora spiegelt hierbei die zurückgefundene Gottesanwesenheit wider und ist zugleich ein Zeichen für die Überwindung der Finsternis, der politischen Knechtschaft durch die Seleukiden. Folglich repräsentiert das Brennen der Menora nicht nur den Fortbestand jüdische Existenz, sondern auch ihrer Religion, ihrer Beziehung zu Gott und ihrer Identität. Gott hat sich nach der Neueinweihung des Tempels durch das Ölwunder irdisch erniedrigt, damit der Mensch erhoben werden kann. Er wird nämlich in das himmlische Jerusalem erhoben und hat Anteil an seinen Geschehnissen, was auf der Erde durch den Tempel symbolisiert wird.[27]

Anhand dieser beiden unterschiedlichen Auslegungen von Chanukka, der historisch und der religiös betonenden, wird deutlich, dass Chanukka ein sehr vielseitiges Fest ist, bei dem es dem Zelebrierenden individuell obliegt, ob er das religiös geprägte Ölwunder oder das historisch-politisch verankerte Befreiungswunder hervorheben möchte. Nichtsdestoweniger bleibt beiden Varianten gemein, dass sie als tieferen Sinn des Festes das Überleben der jüdischen Gemeinde und die Fortführung ihrer Religion emphatisieren und huldigen.

4. Welche geistigen Konzepte repräsentieren die Symbole des Sukkot-Festes?

Sukkot ist das jüdische Laubhüttenfest, das für die Dauer von sieben Tagen ab dem 15. Tischri zelebriert wird. Es gehört neben Pessach und Schawuot zu den drei Wallfahrtsfesten und hat daher einen landwirtschaftlichen Ursprung. Da das Laubhüttenfest im Herbst nach Einbringung der letzten Ernte gefeiert wird, kann man es mit dem Erntedankfest vergleichen.

---

[26] Galley, 2003: 111 („…und betonen statt dessen die Erinnerung an die Siege der Hasmonäer.").
[27] Galley, 2003: 111 („Durch das Anzünden der Chanukkalichter kann Israel zugunsten Gottes in dieses universale Ringen eingreifen und das <Öl> (die Weisheit Gottes) aus den oberen himmlischen Sphären auf die Erde herabbringen.").

Sukkot ist ein allgemein sehr farbenfrohes und fröhliches Fest, weswegen es auch als Fest der Freude und Danksagung bezeichnet wird.[28]

Das erste charakteristische Symbol, das Sukkot repräsentiert, ist die Sukka, eine Laubhütte. Für dieses Fest ist es von großer Bedeutung, dass jeder Haushalt für die Dauer einer Woche unter freiem Himmel eine provisorische Hütte mit mindestens drei Wänden und einem nicht abgedichteten Dach mit aus dem Erdboden entsprungenen Materialien errichtet. Die Sukka kann im Anschluss auch noch nach Belieben verziert und heimisch gestaltet werden, da in ihr ein Großteil der Festzeit verbracht werden soll (z.b. zum Lesen und insbesondere während der Mahlzeiten) und sie somit als Ersatzunterkunft fungiert.[29] Der Zweck dieses Sukkaerbaus ist zweigeteilt: Zum Einen soll er in einer Zeit des Überflusses, nämlich nach Einholung der letzten Ernte, daran erinnern, dass sich nicht alle Menschen der Prosperität erfreuen und das Vorherrschen von Armut gegenwärtig ist. Zum Anderen hat das Sukkotfest aber auch einen biblischen Fokus, nämlich auf der vierzigjährigen Wüstenwanderung des Volkes Israel nach der Befreiung aus der ägyptischen Gola, da die Sukkot hierbei die Übergangsunterkunft der Israeliten dargestellt haben. Der Bau dieser Hütten emphatisiert Gottes Schutz und Fürsorge für den Menschen und appelliert daran, ihm Vertrauen und Glaube auf Rettung entgegen zu bringen.[30] Aus diesem Grund ist Sukkot also ein Freudenfest, weil an ihm für den Segen Gottes gedankt und die Liebe zu ihm durch den menschlichen Frohsinn zum Ausdruck gebracht wird.[31]

Ein weiterer zentraler Bestandteil des Festes sind „die vier Arten". Hierbei werden für den Gottesdienst und die Segnung eine Zitrusfrucht (Etrog), Palmblätter (Lulaw), Weidenäste (Arawot) und Myrtenzweige (Chadassim) in einer spezifischen Anordnung zusammengebunden. Zu diesen Anlässen werden sie entweder rituell in unterschiedlichen Positionen hochgehoben oder geschüttelt. In der Erinnerung an die Prozessionen um den Altar des Jerusalemer Tempels soll dieser Bewegungsablauf die Allgegenwärtigkeit Gottes repräsentieren. Eine andere, plastischere Interpretationsmöglichkeit besagt, dass die individuellen Pflanzen den menschlichen Körper symbolisieren (Etrog als Herz, Myrtenzweig als Auge, Weidenast als Mund und Lulaw als Rückgrat) und somit die ganzheitliche Widmung des Menschen zur Verehrung Gottes am Sukkotfest von Nöten ist.[32]

---

[28] Hannover, [4]1998: 53.
[29] Hannover, [4]1998: 56.
[30] Hannover, [4]1998: 54.
[31] Hannover, [4]1998: 59.
[32] Hannover, [4]1998: 60f.

In Anlehnung an die eben erwähnten Altarsprozessionen in Jerusalem müssen als weitere signifikante Bestandteile des Laubhüttenfestes auch die Hakkafot, die Freudensumzüge, sowie das Torahfreudenfest angeführt werden, welche inhaltlich stark miteinander verknüpft sind. Beide Anlässe beinhalten große Fröhlichkeit und Ausgelassenheit während des Gottesdienstes in der Synagoge und emphatisieren die Begeisterung über das Geschenk der Torah und die Liebe zu ihr. Die Festlichkeit beginnt mit dem Torahfreudenfest, für welches es charakteristisch ist, dass aus dem Pentateuch vorgelesen wird. Diese Auseinandersetzung mit der Torah gipfelt dann in den Hakkafot, die während des morgendlichen und abendlichen Gottesdienstes in der Synagoge vollzogen werden. Diese implizieren, dass unter Gesang und Tanz mit einer Torahrollenminiaturausgabe um den Altar marschiert wird. Der überschwängliche Charakter dieses Brauches findet sich auch darin wieder, dass Wein getrunken und Gebäck verzehrt wird. Insbesondere die Kinder kommen bei dieser Tradition nicht zu kurz, weil sie Süßigkeiten geschenkt bekommen und Streiche spielen dürfen.[33]

Fasst man diese symbolischen Bräuche des Sukkotfestes zusammen, so ist zu vermerken, dass sich das Laubhüttenfest durch seinen ausgesprochen fröhlichen und heiteren Charakter von anderen Festen abhebt, da es ein Fest der Danksagung und Freude gegenüber Gott ist. Diese werden jeden Herbst für die Spendung der Erntegaben gezollt und es wird gleichzeitig daran erinnert, dass durch die partielle Existenz von Armut dieses Wohl keine Selbstverständlichkeit darstellt. Zudem besinnt man sich insbesondere des göttlichen Schutzes, den die Vorfahren auf ihrer vierzigjährigen Wüstenwanderung aus dem ägyptischen Exil erfahren haben, und dankt für das göttliche Heil, an dem man im Bund mit ihm teilhat. Durch die mit dem Laubhüttenfest verbundenen Feierlichkeiten, dem Vergnügen und der Geselligkeit wird die Liebe zur Torah und somit zu Gott ausgedrückt.[34]

---

[33] Hannover, [4]1998: 62-63.
[34] Thieberger, 1985: 330 („…denn es tanzt der Bräutigam mit der Braut, das auserwählte Volk mit der Gesetzeslehre…und Gott selbst ist der Heiratsvermittler,…").

5. Welche Bedeutung hat der Widdui im größeren Zusammenhang von Jom Kippur?

Der Widdui ist ein sehr umfassendes und langes Sündenbekenntnis, das am höchsten jüdischen Feiertag, dem Jom Kippur, während des Gottesdienstes im Kollektiv aufgesagt wird. Er ist in mehrere Abschnitte untergliedert, die eine unterschiedliche Schwerpunktsetzung im Umgang mit den Sünden am Versöhnungstag verfolgen.

Das Ziel des Jom Kippur ist es, sich von einem schlechten Weg zu Gott abzuwenden, da Sünde immer Entfremdung von Gott impliziert, um wieder zu Gott zurückzufinden, sich mit ihm zu versöhnen und somit die Harmonie wiederherzustellen. Der Widdui spielt für diesen Prozess eine entscheidende Rolle, denn er beinhaltet die Basis zur Vergebung der Sünden, nämlich die ersten beiden Schritte in einer fünfgliedrigen Entwicklungsstruktur; die Sündenerkenntnis und das Sündenbekenntnis. Diese werden durch den kleinen und den großen Widdui zum Ausdruck gebracht, wobei es von hoher Relevanz ist, ein möglichst umfassendes Spektrum der Vergehen zu erstellen.[35] Erst nachdem dieses theoretische Fundament vollzogen ist, ist der Mensch bereit, die daran anknüpfenden praktischen Schritte zu vollziehen, die Wiedergutmachung, der Entschluss zur Besserung sowie das Leidtragen über die Sünde.

Hieraus ergibt sich, dass der Widdui ein fundamentaler Bestandteil am Jom Kippur ist, da er gewährleistet, dass der Mensch „in seiner Buße aufrichtig ein über sein Schuldbewusstsein zerbrochenes Herz und einen zerschlagenen Geist vor Gott bring[t]"[36] und somit die Vergebung der Sünden, die Versöhnung mit Gott und die Wiederherstellung des harmonischen Gleichgewichts stattfinden kann.

---

[35] Osten-Sacken/Rozwaski, 2009: 261.
[36] Vgl. Schärf, 2009: 71.

Literaturverzeichnis

Sekundärliteratur:

Donin, Chajim Halevy: Jüdisches Leben, Zürich u.a. 1987, S. 252-255.

Gal-Ed, Efrat: Das Buch der jüdischen Jahresfeste, Frankfurt a.M./Leipzig 2001, S. 71-88, 181-187.

Galley, Susanne: Das jüdische Jahr. Feste. Gedenk- und Feiertage, München 2003, S. 101-112.

Hannover, Joyce: Gelebter Glaube. Die Feste des jüdischen Jahres, 4. Aufl. Gütersloh 1998. S. 53-65.

Osten-Sacken, Peter von der und Rozwaski, Chaim Z. (Hgg.): Die Welt des jüdischen Gottesdienstes –Feste, Feiern und Gebete, Institut Kirche und Judentum, Berlin 2009, S. 261-265.

Rink, Marion: „Was habt ihr da für einen Brauch?" Jüdische Riten und Feste. Eine Arbeitshilfe für Schule und Gemeinde, Frankfurt a.M. 1988, S. 74-82.

Schärf, Theodor: Das gottesdienstliche Jahr der Juden, in: Die Welt des jüdischen Gottesdienstes –Feste, Feiern und Gebete, hg. von Peter von der Osten-Sacken und Chaim Z. Rozwaski, Institut Kirche und Judentum, Berlin 2009, S. 67-77.

Thieberger, Friedrich (Hg.): Jüdisches Fest und jüdischer Brauch. Unter Mitwirkung von Else, Nachdruck der im Jahre 1937 von den nationalsozialistischen Behörden beschlagnahmten und vernichteten Erstauflage, Königstein/Ts. 1985, S. 328-331.

Wilhelm, Kurt (Hg.): Jüdischer Glaube. Eine Auswahl aus zwei Jahrtausenden, Birsfelden/Basel o.J, S. 430-438.